DISCOURS

SUR

LA PERSONNE ET LES OUVRAGES

DE LOUISE LABÉ

LYONNOISE,

Lu dans l'Assemblée publique de l'Académie des Sciences et
Belles-Lettres, au mois d'Avril 1746, par M. DE RUOLZ,
Conseiller à la Cour des Monnoies.

A LYON.

De l'Imprimerie d'AYMÉ DELAROCHE, seul Imprimeur
du Gouvernement et de la Ville, rue Mercière,
à la Couronne d'or.

———

M DCC L.

AVEC APPROBATION ET PERMISSION.

Lyon. — Imp. et Lith. Nigon, r. Chalamont, 5.

AVERTISSEMENT.

L'IDÉE desavantageuse qu'on a conçue depuis long-temps de LOUISE LABÉ, est un exemple de la force du préjugé, et une preuve de la difficulté de le vaincre. Un Curieux qui n'a point l'ambition de se donner pour Auteur, s'est exercé à ce petit ouvrage ; ç'a été de sa part un amusement littéraire ; il a cherché à faire connaître cette célébre Lyonnoise pour ce qu'elle étoit ; le Public décidera s'il a réussi.

Nous observerons seulement que l'Auteur paroît avoir fait un choix judicieux de tout ce qui pouvoit concourir à son sujet. L'histoire particulière des personnes célébres en quelque genre que ce soit, ayant toujours excité la curiosité du Public, on espère que ce discours, qui a pour objet une personne du sexe des plus accomplies de son temps, participera au même avantage.

DISCOURS

SUR

LA PERSONNE ET LES OUVRAGES

DE LOUISE LABÉ

LYONNOISE.

LOUISE LABÉ, célébre et par son esprit et par sa beauté, connuë plus généralement par le surnom de la *Belle-Cordière*, naquit à Lyon sous le Régne de *François I.*

Vainement souhaiterions-nous être instruits de plusieurs des particularités historiques qui la regardent, telles que la date de sa naissance, la condition de ses parens, la forme de son éducation, les circonstances de son mariage, et le tems de sa mort ; toutes ces personnalités ont échapé à l'attention des Ecrivains, qui se sont contentés de nous dire simplement qu'elle brilla sous le Régne de *Henri II.*

Il est cependant aisé de juger par l'éducation qu'elle avoit reçuë, que la condition de ses parens étoit bien au-dessus du commun, et leur fortune assez considérable : ils allèrent même au-delà des bornes, dans lesquelles on renferme ordinairement l'éducation des personnes du sexe ; mais ce zèle de leur part, s'il pouvoit être blâmé, ne servit qu'à faire briller des talens que le défaut de culture eût rendu inutiles : en effet, la nature lui avoit dispensé tous ses dons, ceux de l'esprit et ceux de la figure.

« Sa face étoit plus angélique qu'humaine ; dit » *Paradin*; mais ce n'étoit rien, continuë-t-il, à la » comparaison de son esprit, tant chaste, tant » vertueux, tant poëtique, tant rare en sçavoir, » qu'il sembloit qu'il eût été créé de Dieu, pour » être admiré comme un prodige entre les » humains. »

Cet Auteur contemporain, dont la naïveté caractérise l'Ouvrage, avoit pû juger par lui-même de la vérité de tout ce qu'il vient de nous dire ; l'on n'est donc point surpris de l'empressement qu'avoient tous les Sçavans du Royaume de la connoître.

Jacques Pelletier, l'un d'eux, illustre par la place que lui a donné M. de Thou dans son Histoire, sans parler de ce qu'en ont dit M. de *Sainte Marthe*, *Scaliger*, *Vossius* et

Teissier; ce Sçavant, dis-je, étant venu à Lyon, y vit Louise Labé, et fit une Ode, dans laquelle, après avoir décrit la situation, les richesses de cette Ville, les avantages que son Commerce procure à nos Rois, ceux que la République des Lettres retiroit des Imprimeries fameuses qui y étoient alors, il finit par l'éloge de *Louise Labé.*

La qualité de Poëte, et de Poëte François, ne dut pas être celle qui avoit le plus honoré *Jacques Pelletier* parmi les gens de Lettres, quoique dans le nombre de ses Ouvrages en tout genre, l'on y compte un Art Poëtique : mais enfin l'intérêt de la petite Piéce de Poësie dont il s'agit, ne s'annonce pas moins de lui-même, puisqu'elle fut faite pour des lieux qui sont les mêmes que ceux que nous habitons.

Je l'ai exactement transcrite d'après un Exemplaire même des Ouvrages de cet Auteur, imprimés par *Jean Detournes*, et j'ai scrupuleusement suivi la même orthographe de l'Exemplaire, dont le Caractère est un parfait Italique : j'ose dire que cette attention a échapé en partie à l'Auteur de l'Histoire Littéraire de cette Ville ; je la crois cependant nécessaire, parce qu'elle est liée à la connoissance d'un trait particulier à ce sujet.

Jacques Pelletier avoit pris parti dans la dispute qui s'étoit élevée de son tems entre *Louis Maigret* et *Guillaume des Autels,* au sujet de l'orthographe Françoise; il se rangea du côté du premier, qui prétendoit que l'on devoit écrire comme l'on prononce; système qui, renouvellé de nos jours, ne paroît pas cependant avoir fait fortune. Quoi qu'il en soit, on voit par cette orthographe singulière de quelle manière la Langue Françoise se prononçoit vers le milieu du seizième Siècle, et la différence de cette prononciation d'avec celle qui l'a suivie. C'est par de tels rapports que l'on juge des changemens et des progrès d'une Langue : mais il est tems de lire cette Ode, intitulée :

A Louise Labé Lionnoese.

Mon eur voulut qu'un jour Lyon je visse,
Afin qu'a plein mon desir j'assouvisse,
　　　Alteré du renom ;
J'è vù le lieu ou l'impétueus Róne
Dedans son sein prenant la calme Sóne
　　　Lui fèt perdre son nom.

J'è vù le Siege ou le marchant etale
Sa soee fine e perle oriantale
　　　E laborieus or ;
J'è vù l'ecrin, dont les Roes qui conduiset
Leur grand'Armee, a leur besoin epuiset
　　　Un infini Tresor.

J'è contamplè le total edifice
Que la nature aveques l'artifice
          A clos e ammuré ;
J'è vù le plom imprimant meint volume
D'un brief labeur, qui sous les trez de plume
          Vt si long tans durè.

J'è vù an fin Damoeseles e Dames,
Plesir des yeus e passion des ames,
          Aux visages tant beaus,
Mès j'an è vu sus toutes autres l'une,
Resplandissant comme de nuit la Lune
          Sus les moindres flambeaus.

E bien qu'el soèt an tel nombre si bele,
La beauté èt le moins qui soèt an ele,
          Car le savoer qu'ele à,
E le parler qui soevemant distile,
Si vivemant animé d'un dous stile,
          Sont trop plus que cela.

Sus donq, mes vers, louèz cette Louïse ;
Soièz, ma plume, a la louer soumise,
          Puisqu'ele a merité,
Maugre le tans fuitif, d'être menée
Dessus le vol de la Fame ampannée
          A l'immortalité.

Tel étoit l'éloge qu'en faisoit *Pelletier*, ce Sçavant, tout à la fois Médecin, Mathématicien, Philosophe, Orateur et Poëte.

Louise Labé avoit passé une partie de sa jeu-

nesse à cultiver la Musique : elle nous l'apprend
elle-même en quelque endroit de ses Ouvrages ;
et c'est aussi la raison pour laquelle un poëte de
son tems disoit :

> Louise ha voix que la Musique avouë
> Louise ha main qui tant du Luth jouë.

A cette partie d'une éducation déja aussi
goûtée en France qu'elle l'avoit été autrefois dans
la Gréce, avoit succédé de la part de *Louise Labé*
l'inclination la plus marquée pour tout ce qui
peut orner l'esprit : Histoire , Fable , Poësie,
Eloquence, rien ne lui étoit étranger : elle s'étoit
mise en état de découvrir les beautés de chacune
de ces connoissances, d'en approfondir le merite,
et d'en saisir les agrémens jusques dans les Origi-
naux mêmes « Elle étoit instituée en Langue
» Latine dessus et outre la capacité de son sexe',
» dit l'Ecrivain que j'ai déja cité , et admirable-
» ment excellente en la Poësie des Langues vul-
» gaires. »

Il sera aisé de juger de sa facilité à tourner un
Vers en notre Langue, par ceux que j'aurai
occasion de rapporter , indépendamment des
Vers Italiens qu'elle a fait.

Ce goût pour les Belles-Lettres lui avoit fait
rassembler les meilleurs Livres qui fussent connus
alors en ces différentes Langues. Des lectures

suivies, confiées à une mémoire heureuse, jointes au discernement le plus délicat, lui fournissoient, dans la conversation, une source intarissable de sujets toujours neufs, toujours intéressans. Et, en effet, l'esprit ne brille jamais avec plus d'éclat, que lorsqu'il est cultivé par des personnes du sexe, en qui une imagination aisée et naturelle n'en fait que mieux triompher les agrémens : Eh! que dire, lorsque les graces de la Nature viennent encore se joindre à celles de l'esprit, et lui prêter de nouveaux charmes ?

Cependant l'on demande froidement s'il faut que les femmes sçachent ou ayent étudié ; comme si le danger de les trouver alors trop aimables, peut-être seul motif d'un pareil doute, devoit donner lieu à l'injustice qui les condamne à renoncer à la partie la plus précieuse de l'éducation.

Louise Labé vivoit dans un Siécle affranchi de la rigueur de ce préjugé : elle le disoit elle-même, en adressant la parole à une fille de condition de cette Ville , à qui elle dédioit ses Ouvrages (*Clémence de Bourges*, dont nous aurons occasion de parler.)

« Etant le tems venu, Madamoiselle, que les
» severes lois des hommes n'empêchent plus les
» femmes de s'appliquer aus sciences et discipli-
» nes ; il me semble que celles qui ont la com-

» modité , .doivent employer cette honneste
» liberté, que notre sexe ha autrefois tant désirée
» à icelles apprendre , et montrer aus hommes
» le tort qu'ils nous faisoient, en nous privant
» du bien et de l'honneur qui nous en pouvoit
» revenir. »

Elle invite ensuite au travail et à l'étude toutes
les personnes de son sexe : « Je ne puis faire
» autre chose que prier les vertueuses Dames
» d'eslever un peu leurs esprits par dessus leurs
» quenoilles et fuseaus, et s'employer à faire
» entendre au monde, que si nous ne sommes
» faites pour commander, si ne devons nous
» estre desdaignées pour compagnes, tant ez
» afaires domestiques que publiques, de ceus
» qui gouvernent et se font obeir. »

C'est ainsi qu'elle s'exprime dans cette Epître,
terminée par un trait ingénieux et délicat, pour
s'autoriser à donner ses Ouvrages au Public.

« Et pour ce que les femmes ne se montrent
» volontiers en publiq seules, je vous ai choisi,
» Madamoiselle, pour me servir de guide, vous
» dediant ce petit euvre, que ne vous envois à
» autre fin que pour vous acertener du bon
» vouloir lequel de lontems je vous porte, et
» vous inciter et faire venir envie , en voiant ce
» mien euvre ainsi rude et mal bati, d'en mettre
» en lumiere un autre qui soit mieus limé et de

» meilleure grace. Dieu vous maintienne en santé.
» De Lion ce 24. Juillet 1555. Votre humble
» amie, *Louise Labé.* »

Ses Ouvrages excitèrent encore plus la curiosité des Etrangers : il ne passoit en cette Ville aucune Personne de marque qui ne voulût avoir le plaisir d'en connoître l'Auteur; sa maison étoit le rendez-vous de toutes les Personnes distinguées, ou par le mérite, ou par la naissance. Quelle idée se faire de ces sortes d'Assemblées, où l'esprit et les graces président tour-à-tour ?

Louise Labé offroit chez elle le rare spectacle d'une vertu sans gêne, d'un sçavoir sans orgueil, et des charmes les plus séduisans sans affectation. C'étoit, on peut le dire, une espéce d'Académie libre, où l'on passoit, sans contrainte, d'une conversation utile et agréable, à la lecture de quelque Piéce de Poësie, à une discussion délicate de quelque Ouvrage d'esprit, et à tout ce qui pouvoit enfin amuser une Compagnie choisie.

Ces Exercices étoient variés par des Concerts : *Louise Labé* unissoit alors sa voix à l'harmonie de son Luth. On ne sera pas fâché d'entendre parler l'Historien même qui nous a conservé tous ces détails : c'est *Duverdier*; il ne doit pas d'ailleurs passer pour suspect.

« Elle recevoit, dit cet Auteur, gracieusement » en sa maison, Seigneurs, Gentilshommes et

» autres Personnes de mérite, avec entretiens de
» Devis et Discours, Musique, tant à la voix
» qu'aux Instrumens où elle étoit fort duicte,
» lecture de bons Livres Latins et vulgaires,
» Italiens et Espagnols, dont son Cabinet étoit
» copieusement garni ; Collations d'exquises
» Confitures : elle aimoit sur tout les sçavans
» hommes, et ils avoient la meilleure part dans
» ses bonnes graces. «

Cette Sçavante avoit épousé un Marchand de cette Ville, qui négocioit en Cables et Cordages : c'est ce qui la fit surnommer *la Belle-Cordière*, nom que l'on a donné à la ruë où elle demeuroit. Le nom de son Mari ne nous est pas connu ; mais il occupoit un terrein considérable, où étoient placés des Chantiers et des Magasins propres à son Commerce, avec un Logement commode, auquel étoit attenant un Jardin fort spacieux, placé, dit un Poëte du tems,

> Un peu plus haut que la plaine
> Où le Rosne impétueus
> Embrasse la Sône humaine
> De ses grands bras tortueus.

Dans un parterre de ce Jardin étoit dessinée par la verdure, et tracée en plusieurs endroits, la figure d'un Croissant ; symbole, comme l'on sçait , de *Henri II.* avec des Vers formés et écrits de la même manière.

> A l'entrée on voioit d'Herbes
> Et de Thin verflorissant,
> Les Lis et Croissans superbes
> De notre Prince puissant ;
> Et tout autour de la plante
> De petits ramelets verds,
> De marjolaine flairante,
> Etoient plantés ces six vers :

(qui sans doute étoient l'ouvrage de la Maîtresse du Logis.)

> *Du trés-noble Roi de France*
> *Ce Croissant neuve accroissance*
> *De jour en jour rependra,*
> *Jusques à tant que ses cornes ,*
> *Jointes sans aucunes bornes ,*
> *En un plein Rond il rendra.*

Nous ignorons si *Louise Labé* vécut longtemps; mais toutes les conjectures portent à croire qu'elle ne jouit pas d'une longue vie, et qu'elle mourut avant la fin même du Régne de *Henri II.* c'est-à-dire, dès avant l'année 1559.

C'est à quoi se réduit tout ce que l'on sçait de de cette célébre Lyonnoise, dont le mérite nous fait regretter avec raison d'être privés de la connoissance des autres circonstances de sa vie qui formeroient un tout intéressant.

En réunissant ce que les Ecrivains ont dit d'elle, il est étonnant d'appercevoir l'opposition la plus marquée entre ses Contemporains et ceux qui ont paru après elle, sur la réputation et l'honneur. Les premiers ont rendu sincérement justice à ses vertus, en louant son esprit : ils ont fait l'éloge des sentiments de son cœur et de sa bonne conduite. Les seconds ont employé les qualifications les plus injurieuses à sa mémoire ; et leur plume flétrissante semble n'avoir rien épargné pour laisser à la postérité le souvenir du libertinage de mœurs le plus outré qui fut jamais.

Si les recherches que l'on fait sur la Vie et les Ouvrages d'une Personne, pouvoient en être l'apologie, il ne me seroit peut-être pas difficile d'entreprendre celle de *Louise Labé*, en parcourant ce que les Historiens ont dit pour et contre ; et à l'aide de quelques réflexions sur le degré d'autorité que mérite l'avis de chacun d'eux, je découvrirois aisément le vice du préjugé qui en a entraîné plusieurs dans le parti qu'ils ont pris de penser à son désavantage.

Par exemple, *Paradin*, le premier de tous, qui, dans un Chapitre particulier sur cette Lyonnoise, ajoûte : » Et ne s'est cette Nymphe seule- » ment fait connoître par ses Ecrits, ainçois par

» sa grande chasteté. « Cet Ecrivain Ecclési-
astique, distingué par sa place et par son mérite,
si plein de mœurs lui-même, auroit-il fait cet
éloge d'une Personne dont la réputation eût
souffert quelque atteinte, lui qui d'ailleurs écrivoit sous les yeux et par les conseils d'un Magistrat, l'un des plus recommandables que nous
eussions alors ; c'étoit M. *de Lange*, cet homme
si respecté dans ces Provinces, et qui à un
pareil égard eût exigé de l'Auteur un judicieux
silence ?

En effet, rien n'étoit plus récent en cette
Ville que le souvenir de la conduite et des
actions de *Louise Labé*. S'il en eût été autrement,
quelle grâce auroit eu auprès d'elle ce Poëte,
qui, pour flater le talent qu'elle avoit de chanter
en s'accompagnant de son Luth, lui présenta un
jour ces Vers pour qu'elle les mît en chanson ?

> Si *Venus* m'a rendu belle
> Et toute semblable qu'elle
>   Avec sa divinité ;
> Que pourtant elle ne pense
> Qu'en un seul endroit j'offense
>   Ma chaste virginité.

Le même l'avoit encore louée par ces autres
Vers :

> La chasteté fidelle,
> Qui toujours est avec elle,
> Nous rend quasi tous seurs,

Qu'elle eut la naissance sienne
De la Couple Cynthienne
Ou de l'une des neuf Sœurs.

Antoine Duverdier est le premier des Auteurs
non Contemporains qui a jetté sur le portrait de
cette Personne de noires couleurs : il a été enhardi
par l'accueil qu'il est ordinaire de voir faire aux
narrations malignes, toujours sûres d'être copiées;
et tel est, pour le dire en passant, le crédit que
l'on doit attacher en de certains points, à ce
qu'on appelle *la foi historique*, comme l'a remarqué
un bel Esprit de ce siécle, en parlant de la plûpart
des Auteurs mêmes de l'Antiquité.

Duverdier nous apprend cette circonstance,
que *Louise Labé* sçavoit l'art de piquer fort bien
un Cheval; ce sont ces termes : « A raison de quoi,
» dit-il, les Gentilshommes qui avoient accès au-
» près d'elle l'appeloient le *Capitaine Loys*. »
Cette qualification étoit fondée; et *Duverdier* ne
nous dit pas une particularité que voici : *Louise
Labé* s'étoit trouvée au Siége de Perpignan, que
fit en l'année 1542, *Henri*, Dauphin de France.
Cette Ville étoit défenduë par *Ferdinand de
Tolede*, Duc d'Albe : le Siége ne fut pas heureux;
il fut levé après trois mois. Le courage de notre
Héroïne fut célébré par des Vers.

Louise ainsi furieuse,
En laissant les habits mols

Des femmes, et envieuse
De bruit , par les Espagnols
Souvent courut , et grand noise
A maint assaut leur donna ,
Quand la Jeunesse Françoise
Perpignan environna :
Là sa force elle desploye ,
Là de sa lance elle ploye
Le plus hardi assaillant ,
Et brave dessus la selle ,
Ne démontroit rien an elle
Que d'un Chevalier vaillant.

Tout sembloit concourir à entretenir une inclination qu'elle partageoit ainsi entre Mars et les Muses. Le passage des Troupes en cette Ville , causé par la guerre que la France portoit alors dans l'Italie, inspiroit un air guerrier à tous ses Habitans: les Dames prenoient part aux Exercices militaires, et *Louise Labé* se distinguoit entr'elles: Ecoutons-la.

Qui m'ust vû lors en armes fieres aller ,
Porter la lance, et bois faire voler,
Le devoir faire en l'estour furieus ,
Piquer, volter le cheval glorieus ,
Pour *Bradamante* , ou la haute *Marphise* ,
Seur de *Roger* , il m'ust possible prise.

On a peine à concevoir sur quel fondement *Duverdier* a pû parler d'elle, d'une façon aussi opposée à tout ce qui en avoit été dit par ceux qui en avoient écrit avant lui. *Claude de Rubis* a voulu renchérir sur lui, et a porté un jugement aussi desavantageux d'une autre Dame Lyonnoise, appelée *Pernette du Guillet*, dont *Duverdier*, son Auteur ou son Guide, avoit cependant fait l'éloge; contradiction qui dès lors détruit nécessairement le suffrage de l'un ou de l'autre de ces deux Ecrivains.

Nous avouerons que *de Rubis*, en parlant de *Louise Labé*, s'est exprimé en des termes peu convenables à la gravité d'un Historien, disons même d'un Magistrat. Pour donner du crédit à son Histoire, il croyoit, sans doute, devoir démentir toutes celles qui l'avoient précédées, et sur tout celle de *Paradin;* partialité plus condamnable que la crédulité même dont il accuse à chaque instant cet Auteur.

De nos jours, *Baile* a pensé comme *Duverdier;* et il paroît que son témoignage lui a suffi.

L'Auteur (*) de l'Histoire Littéraire de Lyon, avouë, avec cette ingénuité qui faisoit son caractère, que si ce qu'ont dit *Duverdier* et *de Rubis* est véritable, il faudra bien rabattre des éloges que *Paradin* a fait de sa vertu. « Ces Historiens pré-

(*) Le P. *de Colonia* s'est distingué par une attention marquée et suivie pour tout ce qui pouvoit intéresser la gloire de la Ville de Lyon. Il y est mort dans la Maison du grand Collége.

» tendent, et ce n'est pas, à mon avis, sans
» apparence de vérité, dit-il, que *Louise Labé*
» avoit gâté ses talents par un libertinage plus
» rafiné, mais aussi condamnable, que celui des
» *Phrynés* et des *Laïs*. »

Le P. *de Colonia* aura raison, si l'on veut, de
ne pas prendre sur lui le soin de justifier cette
Sçavante envers le Public; mais s'il eût pesé
avec un peu plus d'attention le suffrage des deux
Ecrivains dont il paroît avoir suivi la foi, se
seroit-il aussi aisément livré à penser comme eux?

Au reste, que la Bibliothéque Françoise de
Duverdier soit un Ouvrage également consulté
des Sçavants, et recherché des Curieux, à la
bonne heure; ce n'est pas sur quoi tomberoit
ici le sujet d'une Critique.

Cet Ecrivain, en qui l'on peut être assuré de
combattre tous ceux qui l'ont pris ici pour guide,
étoit venu s'établir à Lyon, 30 ans environ après
la mort de *Louise Labé:* il y étoit venu comme
Etranger, et n'avoit point connu personnellement
cette Sçavante. Faut-il qu'il soit plus instruit que
tous ceux qui l'ont dévancé, et qui en ont parlé
avec distinction? C'est ce que l'on ne peut ima-
giner; et tout ce qui se présente à dire sur un
pareil jugement de sa part, est qu'il n'a été formé
que sur des rapports dont on soupçonne aisément
l'injustice et l'infidélité, pour peu que l'on fasse

attention aux motifs qui vraisemblablement les ont fait naître.

Une femme qui sçait, et que ses connoissances honorent déjà dans le monde, doit naturellement s'élever au-dessus de son sexe, en dépit duquel elle cherche à se mettre au rang des Hommes de Lettres; mais ce n'est pas sans être obligée de secouer le joug d'un préjugé qui gêneroit toujours ses vuës: il faut, pour s'en délivrer, qu'elle s'affranchisse d'une espéce d'erreur ; qu'elle méprise l'autorité d'une opinion injuste, mais reçuë ; qu'elle renonce presque à de certaines bienséances ; qu'elle vienne à bout de se procurer cette heureuse liberté d'esprit et de sentimens qu'il est rare que des personnes du sexe puissent jamais goûter entr'elles, et dont le commerce préféré des hommes peut seul aussi la faire jouir.

En faut-il davantage alors pour fournir matière à la jalousie et à l'ignorance ? Bientôt elles censureront cette conduite remarquable, fruit des lumières acquises; elles y attacheront le blâme, que dis-je? la honte d'une passion : l'une et l'autre aveugles et incapables de juger des effets d'une galanterie fine et aimable, fondée sur un enjouëment plein d'esprit, éxemte d'affectation et de cérémonie; l'une et l'autre, dis-je, ennemies des talens, décrieront tout ce qui peut servir à dévoiler, ou à mettre au jour leur néant et leur bassesse.

Les Villes de la Gréce ont vû des Femmes d'esprit y devenir, comme par état, les idoles des plus beaux génies, des plus grands hommes; causer des passions, et les satisfaire: c'en est assez pour que ces deux fléaux de la société trouvent dans de pareils exemples dequoi autoriser leur jugement. L'Antiquité a eu ses *Phrynés* et ses *Laïs*, disons-le, ses *Sapho* en tout genre : les Siécles modernes doivent aussi avoir les leurs.

Et c'est ainsi qu'aura été rabaissée, du côté des mœurs, celle qui, de son tems, avoit peut-être surpassé toutes les personnes de son sexe du côté du mérite; celle pour qui il fut peut-être plus glorieux de s'en tenir au seul défaut de la galanterie, que pour mille autres de s'en être garanties (pour me servir de la pensée d'un homme d'esprit).

C'étoit donc bien inutilement que *Louise Labé* avoit poussé l'indifférence jusqu'à s'en faire même une espéce de gloire, l'orsqu'elle s'exprime ainsi quelque part.

> Maints grans Signeurs à mon amour prétendent,
> Et a me plaire, et servir prets se rendent :
> Joûtes et jeux, maintes beles devises,
> En ma faveur, sont par eus entreprises ;
> Et neantmoins tant peu je m'en soucie,
> Que seulement ne les en remercie.

Mais il semble que pour affoiblir au moins

ce partage de sentimens sur sa conduite , rien n'y contribueroit mieux que la réflexion qui se tire de la liaison intime , de l'amitié tendre qui étoit entr'elle et la jeune Personne de cette Ville dont nous avons déja parlé , et à qui elle avoit dédié ses Ouvrages ; je veux dire , *Clemence de Bourges* , fille d'un esprit rare et d'une des premières Maisons de Lyon (*), morte à l'âge le plus capable de la faire regretter : elle n'avoit que seize ans, et elle avoit fait l'ornement des Fêtes données à nos Rois à leurs passages, en jouant devant eux de plusieurs sortes d'Instrumens. Elle étoit promise à un Gentilhomme de la Ville , nommé *Dupeyrat* (*), Capitaine de Chevaux-Légers , qui fut tué devant Beaurepaire en Dauphiné , en combattant avec *Maugiron*

(*) Elle étoit fille de Noble *Claude de Bourges*, Seigneur de Myons , Général des Finances de Piémont , et de Demoiselle *Françoise de Mornay.* Les Armes de la Maison de Bourges paroissent à la voute de l'Eglise de St. Nizier en cette Ville , dans l'endroit où ses nervures se croisent. Elle portoit de gueules au Lyon d'argent , et un chevron d'azur brochant sur le tout.

(*) Il étoit fils aîné de *Jean Dupeyrat*, Lieutenant Général en la Sénéchaussée et au Gouvernement de Lyon, en l'absence du Maréchal de *St. André.* Les Armes de cette Maison se voient dans l'Eglise de St. Paul, où étoit sa Chapelle, dans celles des Célestins et des grands Carmes. Elle portoit d'Azur au Château d'or , muraillé de sable.

contre les Protestans. La mort de *Dupeyrat* fut suivie de la sienne ; elle ne lui survécut que de peu de jours.

Or, pour revenir à l'objet de notre réflexion, peut-on supposer que les parens de *Clémence de Bourges* eussent souffert qu'une fille de cet âge et de sa condition eût été aussi étroitement liée avec *Louise Labé*, si, effectivement, celle-ci eût mené une vie capable de la deshonorer ? Et il faut remarquer qu'elle ne vécut que très-peu de tems après la mort de *Clémence de Bourges*.

J'avouerai cependant que les ouvrages de *Louise Labé*, je veux dire, ses Poësies, semblent offrir quelque chose de repréhensible : elle a peint, dans ses Elégies et dans ses Sonnets, un amour un peu vif, dont elle paroissoit connoître tous les détours et toutes les finesses : aussi le sentoit-elle bien, losqu'adressant la parole aux Dames de cette Ville, elle leur dit dans la 3.me de ses Elégies :

> Quand vous lirez, ô Dames Lionnoises,
> Ces miens Ecris pleins d'amoureuses noises,
> Quand mes regrets, ennuis, depits et larmes
> M'orrez chanter en pitoiables carmes ;
> Ne veuillez point condamner ma simplesse
> Et jeune erreur de ma fole jeunesse.
> Si c'est erreur ; mais qui dessous les cieus
> Se peut venter de n'être vicieus ?

Si de pareils sentiments étoient un défaut, c'étoit bien moins le sien que celui du Siécle où elle vivoit. Jamais les poëtes ne furent si favorisés que sous le Régne de *Henri II* et de ses enfans, et jamais la Poësie ne fut si tendre, si passionnée, ni moins retenuë dans ses expressions; fâcheux, mais inévitable effet de l'exemple que donne une Cour, dont l'esprit et le goût régle infailliblement celui de tous les Sujets.

On a dû s'appercevoir que si les Ecrivains ont été partagés à l'égard des mœurs de *Louise Labé*, leurs sentimens au moins sur le mérite de sa Personne et de ses Ecrits ont été les mêmes : les Poëtes de son temps lui offroient à l'envi leurs hommages, et lui en promettoient de nouveaux après eux. Un entr'autres disoit :

> Maints nobles Poëtes ,
> Pleins de celestes esprits ,
> Diront tes graces parfaites
> En leurs tres doctes Ecrits ;
> *Marot* , *Moulin* , *Lafontaine* ,
> Avec la Muse hautaine
> De ce *Sceve* audacieus ,
> Dont la tonante parole
> Qui dans les Astres carole
> Est un contrefoudre ez cieus.

Nous ne connoissons pas les Poësies de *Moulin* : celles de *Charles Fontaine* sont en partie adressées à des Personnes de cette Ville ; elles furent imprimées à Paris, en l'année 1546, sous le titre de *La Fontaine d'Amour*, par allusion au nom du Poëte, comme est le titre de *La Marguerite des Marguerites*, donné aux Poësies de la Reine de ce nom ; sortes d'allusions familières dans ce siècle.

A l'égard de *Maurice Sceve*, sa Muse, comme l'on voit, est ici caractérisée avec honneur. La famille de ce nom qui subsiste en cette Ville, est la même, dit-on, que celle de ce Poëte.

Ce que j'ai rapporté des Poësies de *Louise Labé* pourroit suffire pour en donner une idée ; mais je ne sçaurois ne pas m'arrêter à l'Ouvrage le plus ingénieux de tous, et dont le Siécle d'*Auguste* n'auroit pas désavoué l'idée ; je parle de celui auquel elle avoit donné le titre de *Débat de Folie et d'Amour*, jeu d'esprit admirable, mais très-peu connu, à cause de l'ancienneté des Editions et la rareté des Exemplaires. Il est peu d'Ouvrage, en effet, qui dans ce genre mérite aussi fort d'être goûté. On en conviendra bientôt, si l'on me permet d'en mettre ici l'Abbrégé sous les yeux : on verra une Fille qui sçavoit la Langue Françoise, et qui en possédoit la pureté aussi bien que le célébre *Amyot*. Cet Ecrivain qui, peu d'années après, devoit, par sa fameuse Traduction, s'ouvrir le chemin à une gloire qui durera autant que notre Langue. Voici l'Argument de cet Ouvrage, et qui est de *Louise Labé* même.

« *Jupiter* faisoit un grand Festin , où étoit
» commandé a tous les Dieux se trouver. *Amour*
» *et Folie* arrivent en même instant sur la porte
» du Palais, laquelle étant ja fermée , et n'ayant
» que le guichet ouvert, *Folie* voyant *Amour* ja
» prest a mettre un pied dedans, s'avance et
» passe la première. *Amour* se voyant poussé ,
» entre en colere : *Folie* soutient lui appartenir
» de passer devant; ils entrent en dispute sur leurs
» puissances, dinités et preseances. *Amour* ne
» la pouvant vaincre de paroles , met la main a
» son arc, et lui lasche une fleche, mais en vain,
» pource que *Folie* se rend soudain invisible , et
» se voulant venger, otte les yeux a *Amour*, et
» pour couurir le lieu où ils étoient, lui mit un
» bandeau fait de tel artifice qu'impossible est
» lui otter. *Venus* se plaint de *Folie* : *Jupiter* veut
» entendre leur différent ; *Apolon et Mercure*
» debattent le droict de l'une et de l'autre partie.
» *Jupiter* les ayant longuement ouis , en demande
» l'opinion aus Dieus, puis prononce. »

Louise Labé nous dit que l'*Amour*, sur les yeux
de qui la *Folie* avoit mis un bandeau , sortit,
comme il put , du Palais de *Jupiter* pour s'occu-
per de son malheur.

« Chacun sera donc indifferemment et sans
» acception de personnes, s'écria-t-il alors, au
» hazard de mes traits : je faisois aimer les jeunes

» personnes, les jeunes hommes; j'accom-
» pagnois les plus jolies des plus beaux; je
» pardonnois aux laides; je laissois la vieillesse
» en paix; maintenant pensant frapper un jeune,
» j'assenerai sur un vieillard; au lieu de quelque
» beau galant, quelque petit laideron a la bouche
» torse, et aviendra qu'ils seront les plus amou-
» reus. »

Ce qu'il avoit dit, arriva : *Venus*, qui le cherchoit, l'ayant trouvé, lui dit : « *Jupiter* a » oui dix mille pleintes de toi d'une infinité » d'artisans, gens de labeur, esclaves, cham- » brieres, vieillards, vieilles édentées, crians » tous à *Jupiter* qu'ils aiment. »

Elle veut ensuite ôter le bandeau qu'elle avoit apperçû sur ses yeux; mais ses efforts sont inutiles : elle se désole.

> Femme et mère, il suffit pour juger de ses cris;

a dit si bien *La Fontaine*.

« O *Venus!* ô mère désolée! qu'ainsi soit, » dit-elle, que tous ceux qui aimeront, quelque » faveur qu'ils ayent, ne soient sans mal et in- » fortune, a ce qu'ils ne se dient plus heureux » que le cher fils de *Venus!* »

Aussi-tôt elle court demander vengeance à *Jupiter :* le Dieu lui promet de l'écouter; mais il veut entendre *Folie*. La *Folie*, qui craint la

protection et l'autorité de *Venus*, emploie
Mercure pour la défendre : *Venus*, qui, de son
côté, choisit *Apollon*, considére, il est vrai, que
sa maison et celle de ce Dieu n'ont jamais été
fort unies; cependant, dit *Louise Labé*, elle croit
Apollon trop plein de probité pour qu'il néglige
ses intérêts : aussi ce Dieu, porté de la meilleure
volonté pour elle; en appelle-t-il au témoignage
qu'en pourroient rendre les jardins que *Venus*
a en Chypre et en Ida, et dont il a un soin tout
particulier.

Les plaidoyés de part et d'autre sont un peu
diffus; mais tel étoit alors le goût de l'Eloquence :
s'agiroit-il cependant d'en donner ici l'idée la
plus légère? *Apollon* pour *Venus*, dit à l'Assemblée des Dieux : « Que si l'on ne rend les yeux à
» *Cupidon*, si *Folie* se mêle de ses affaires, tout
» sera bouleversé; qu'en vain l'*Amour* voudroit-
» il mettre de l'harmonie entre les grands et les
» petits, la *Folie* la troublera toujours, que la
» vieillesse tournera son venerable et paternel
» amour en fols et juvenils desirs, et qu'il a belle
» peur que où l'*Amour* a inventé tant de sciences
» et produit tant de biens, la *Folie* n'ameine
» avec soi quelque grande oisiveté accompagnée
» d'ignorance; qu'elle n'empêche les jeunes gens
» de vaquer à estudes honorables; car il n'y a
» point de plus dangereuse compagnie que celle
» de *Folie*. »

On laisse à penser si la Peroraison touchante fut suivie d'un frémissement, effet de l'impression de ce Discours sur tous les Dieux.

Pour *Mercure*, dont *Louise Labé* lui fait déclarer d'abord qu'il ne commencera point par s'excuser, comme font ces Orateurs qui craignent d'être blâmés quand ils soutiennent des Causes apertement mauvaises, il prétend que la sienne est bonne, et que si l'on ordonnoit quelque peine contre *Folie*, l'*Amour* en auroit le premier du regret. *Mercure* appercevant *Pallas*, l'ennemie capitale de *Folie*, croit devoir observer que cette Déesse ne devoit point être des Juges. *Louise Labé* a oublié de nous dire si ce moyen de récusation fut jugé avant que d'aller plus loin.

« Il paroist bien, dit ensuite le défenseur de
» *Folie*, qu'*Apollon* qui a si long-tems oui les
» causeurs a Rome, a bien retenu d'eux a conter
» a son avantage; pour lui il ne dissimulera rien :
» il raconte le fait. *Folie* et *Amour* se sont pris
» de paroles a l'entrée du Palais : *Amour* a voulu
» la navrer de ses armes; elle qui ne vouloit que
» rire, s'est deffendu des siennes; et ainsi
» qu'*Amour* tire au cœur, *Folie* se jette aux yeux
» et a la teste, et n'a autres armes que ses doigts;
» elle lui a otté ses yeûs. Il ne se plaignoit que
» de la deformité de son visage; elle émuë de
» pitié, le lui a couuert d'une bande, a ce que

» l'on n'apperçust deux trous vuides diceus
» enlaidissans sa face. »

Mercure soutient ensuite que la *Folie* ne le
céde en rien à l'*Amour*, ni pour le rang, ni
pour l'origine. « En effet, dit-il, les hommes
» commencent leur vie par *Folie* : vrai est qu'au
» commencement ils ne faisoient point de hautes
» folies, faute d'exemples; leur folie étoit à courir
» l'un apres l'autre, a monter sus un arbre pour
» voir de plus loin, a rouller en la vallée, menger
» tout leur fruit en un coup, tellement que l'hiver
» n'avoient dequoi vivre Petit a petit ha crû
» *Folie* avec le tems : les plus éventés d'entr'eus,
» ou pour avoir recous des loups et autres bêtes
» sauvages, les brebis de leurs voisins, ou pour
» avoir deffendu quelqu'un outragé, ou peut-
» être pour être plus forts ou plus beaus, se sont
» fait couronner Roys de quelques feuillages de
» chêne, et croissant l'ambition non des Roys,
» qui gardoient fort bien en ces tems les moutons,
» beufs; truyes et anesses, mais de quelques
» mauvais garnemens qui les suivoient, leur vivre
» a été separé du commun; il a fallu que les
» viandes fussent plus délicates pour eus, l'habil-
» lement plus magnifique, *Folie* ha mis en tête
» a quelques uns se faire craindre, *Folie* ha fait
» les autres obeir. Enfin *Folie* a tout fait, son
» pouvoir est sans bornes, et son origine aussi
» ancienne que celle du monde. »

Il paroit que, dans ce second plaidoyé, *Louise Labé* a employé des traits dont *Erasme* ne lui avoit pas fourni l'idée. On sçait quel fut le jugement : le P. *de Colonia* l'a rapporté dans son Histoire Littéraire. L'importance du Sujet , autant que la diversité des opinions , engagea *Jupiter* , dit *Louise Labé* , à remettre l'affaire d'ici à trois fois , sept fois , neuf siécles ; et cependant il fut ordonné à *l'Amour* et à la *Folie* de bien vivre ensemble , et à la *Folie* de conduire l'*Amour* partout où bon lui sembleroit ; et sur la restitution de ses yeux , après en avoir parlé aux Parques , en sera ordonné , dit *Jupiter*. Personne n'ignore ces Vers de *La Fontaine* à ce sujet :

> Quand on eut bien considéré
> L'intérêt du Public , celui de la partie ,
> Le résultat enfin de la suprême Cour
> Fut de condamner la Folie
> A servir de guide à l'Amour.

Paradin a appellé ce Dialogue , « Un Ouvrage » fort moral , plein de traits de belle philosophie , » et diversifiés de plusieurs événemens posés avec » grande élégance et en beaux termes. »

Les Ouvrages de *Louise Labé* , quoique rares , ont été cependant imprimés plusieurs fois en cette Ville. Ils consistent d'abord en ce Dialogue , Ouvrage de cent et tant de pages ; trois Elégies ;

3

vingt-quatre Sonnets, dont le premier est Italien ;
et l'Epître dédicatoire. Outre la première Edition
de l'année 1555 , citée par *Lacroix du Maine* et
Duverdier, il y en a une seconde de l'anné suivante,
in-8°, chez *Jean Detournes :* elle est dans le Cata-
logue de la curieuse Bibliothéque de M. *Dufay ;*
et une troisiéme Edition in-16. aussi faite à Lyon
la même année : cette dernière est dans le Cata-
logue des Livres de M. *de Cangé.*

Je n'ai point craint d'entretenir le Lecteur de
quelques-uns des traits que contient ce Dialogue.
Pour juger du mérite et de l'esprit de *Louise Labé*,
il falloit l'entendre parler, et se trouver dans ses
propres entretiens : c'est à quoi je devois rapporter une partie de mes Recherches.

Et pour laisser une idée de cette Sçavante,
seroit-ce aller trop loin que de la regarder comme
une personne, qui, dans son tems, ne fit pas moins
honneur à la Ville de Lyon, qu'en firent dans le
leur la Belle *Laure* à la Ville d'Avignon ; Clémence *Isaure*, à celle de Toulouse ; et Catherine
des Roches, à celle de Poitiers ?

EXTRAIT

JAcques Pelletier a composé une Ode à sa louange, qui a été rapportée ci-devant. Elle se trouve dans ses Opuscules, *pag.* 108, à la suite de l'Art poëtique, Edit. de *J. Detournes*, 1555.

Guillaume Paradin, dans son Histoire de Lyon, a fait un Chapitre exprès, qui est le 29 du 3ᵉ. Livre, qu'il a intitulé :

De deux Dames Lyonnoises, en ce temps excellentes en sçavoir et poësie. Sous les Rois François I. et Henri II.

» En ce siecle et regne, florissoyent a Lyon
» deux Dames, comme deux astres radieus, et
» deux nobles et vertueux esprits, ou plustost
» deux Syrenes, toutes deux pleines d'un grand
» amas, et meslange de tres heureuses influences,
» et les plus clers entendemens de tout le Sexe
» feminin de nostre temps. L'une se nommoit
» Loüise l'Abbé. Ceste avoit la face plus angelique
» qu'humaine : mais ce n'éstoit rien a la com-
» paraison de son esprit tant chaste, tant vertueus,

» tant poëtique, tant rare en sçavoir, qu'il
» sembloit qu'il eust esté créé de Dieu pour estre
» admiré comme un grand prodige entre les
» humains. Car encore qu'elle fust instituée en
» langue latine dessus et outre la capacité de son
» sexe, elle estoit admirablement excellente en
» la poësie des Langues vulguaires, dont rendent
» témoignage ses Oeuvres qu'elle a laissé a la
» posterité : desquelles sont competans Juges les
» Poëtes vulguaires de nostre temps. Entre ses
» Ecrits se lit un Dialogue en prose, docte non
» moins, que ingénieux, duquel l'Argument
» est........ Ce Dialogue, outre qu'il est fort
» moral, est plein de traits de belle philosophie;
» il est diversifié de plaisans événemens, et
» succez qui adviennent aux amoureus, posez
» avec grande élegance et beaux termes. Et ne
» s'est ceste nymphe seulement faite cognoistre
» par ses Ecrits ; ainçois par sa grande chasteté.
» L'autre Dame étoit nommée *Pernette du Guillet,*
» toute spirituelle, gentille, et tres chaste,
» laquelle a vescu en grand renom de tout meslé
» sçavoir, et s'est illustrée par doctes et éminentes
» Poësies, pleines d'excellence de toutes graces.
» Elle trespassa de ce siécle en meilleure vie,
» l'an de salut mil cinq cens quarante-cinq. Les
» Poëtes François celebrerent ses obseques. «

Fʀᴀɴçᴏɪs Gʀᴜᴅᴇ́, Sieur de *la Croix du Maine*,
dans sa Bibliothéque Françoise, *pag.* 291 :

  « *Louise Labé* Lyonnoise , femme tres docte ,
» vulgairement appelée *La belle Cordiere de Lyon*,
» de laquelle l'anagramme est, *Belle à soy*. Elle
» sçavoit fort bien composer en vers et en prose.
» Elle a escrit un Dialogue en prose Françoise,
» intitulé : *Le débat de Folie et d'Honneur*, im-
» primé avec plusieurs Poësies de son invention
» et autres de ses amis : le tout a été imprimé
» ensemble à Lyon , par *Jean Detournes*, l'an
» 1555. et le titre est tel : *Les Oeuvres de Loyse*
» *l'Abé Lyonnoise*, etc. Elle florissoit à Lyon ,
» sous *Henry II*, l'an 1555. »

Aɴᴛᴏɪɴᴇ Dᴜᴠᴇʀᴅɪᴇʀ, Sieur de Vauprivas, dans
sa Bibliothéque Françoise, *pag.* 822 :

  « *Loyse Labé*, Courtisanne Lyonnoise (autre-
» ment nommée *La belle Cordiere*, pour estre
» mariée a un bon homme de Cordier), picquoit
» fort bien un Cheval ; a raison dequoy les
» Gentishommes qui avoyent accez a elle , l'ap-
» pelloyent le Capitaine *Loys*, femme au demeu-
» rant de bon et gaillard esprit et de mediocre
» beauté : recevoit gracieusement en sa maison ,
» Seigneurs, Gentishommes et autres personnes
» de mérite, avec entretiens de devis et discours,
» Musique tant à la Voix qu'aux Instrumens où

» elle étoit fort duicte , lecture de bons Livres
» Latins et Vulgaires, Italiens et Espagnols , dont
» son Cabinet étoit copieusement garni; collation
» d'esquises confitures : enfin leur communiquoit
» privement les Pièces les plus secretes qu'elle
» eust , non toutefois a tous, et nullement a gens
» méchaniques et de vile condition , quelque
» argent que ceux-là luy eussent voulu donner.
» Elle ayma les Sçavans Hommes sur tous , les
» favorisant de telle sorte , que ceux de sa cog-
» noissance avoient la meilleure part en sa bonne
» grace, et les eust preferé a quelconque grand
» Seigneur, et fait courtoisie a l'un plustost gratis
» qu'a l'autre pour grand nombre d'escus :
» qui est contre la coutume de celles de son
» mestier et qualité. Ce n'est pas pour être
» Courtisanne que je luy donne place en cette
» Bibliothéque, mais seulement pour avoir écrit
» en Prose Françoise, *Débat de Folie et d'Amour*,
» Dialogue : et en Vers trois Elegies , vingt-qua-
» tre Sonnets, dont y en a un Italien. Le tout
» imprimé à Lyon , 8°, par *Jean Detournes*,
» 1555. avec Ecrits de divers Poëtes, a la loüange
» d'icelle *Loyse Labé*, tant en Vers Grecs, Latins ,
» Italiens que François. Elle dedia ledit Dialogue
» a Damoiselle *Clémence de Bourges.* »

Claude de Rubys, dans son Histoire de Lyon, Avant-propos aux Prévôt des Marchands et Echevins :

« Et de fait que *Paradin* aye esté de ces gens,
» qui croyent et escrivent legierement, je le
» pourrois verifier par le recit de plusieurs
» discours fabuleux, qu'il a employez et affirmez
» pour véritables dans ses Escrits ; mais je me
» contenterai d'un seul, qui est en son Histoire
» de Lyon. C'est là où il celebre le loz de ces
» deux insignes Courtisannes, qui furent de son
» temps à Lyon. L'une desquelles fut *Pernette du*
» *Guillet......* l'autre *Loyse l'Abbé*, renommée
» non seulement à Lyon, mais par toute la
» France, soubs le nom de *La belle Cordiere*,
» pour l'une des plus insignes Courtisannes de
» son temps ; et cependant il les qualifie deux
» miroüers de chasteté, et deux parangons de
» vertu. Que si le bon homme s'est laissé ainsi
» lourdement abuser en chose advenuë de son
» temps à Lyon, où il estoit tous les jours, à
» peine adjoustera-t-on foi à ce qu'il a escrit des
» siecles passez. »

Pierre Bayle, dans son Dictionnaire Historique et Critique, au nom *Labe*, où, après avoir transcrit en entier l'article de *Duverdier*, il ajoute cette réflexion :

« *Demosthene* eût été bien aise que la Courti-
» sanne *Lais* eût ressemblé à cette autre (*Louise*
» *Labé*) : il n'auroit pas fait le voyage de Corinthe
» inutilement, ni éprouvé,

　　　Qu'à tels festins un Auteur comme un Sot
　　　A prix d'argent doit payer son écot.

« Cette femme faisoit en même tems deshon-
» neur aux Lettres, et honneur. Elle les deshon-
» noroit, puisqu'étant Auteur, elle menoit une
» vie de Courtisanne ; et elle les honoroit, puis-
» que les Sçavans étoient mieux reçûs chez elle
» sans rien payer, que les ignorans prêts à lui
» compter une bonne somme. »

M. DE LA MONNOYE (Bernard), dans son Glossaire
Bourguignon, a fait une Remarque qui doit
trouver ici place : c'est au mot *Euvre*.

« A l'égard d'*Euvre*, Ouvrage, tous nos Livres,
» excepté ceux de quelques anciens et modernes
» Réformateurs de notre Orthographe, ont
» toujours *Oeuvre*. Je ne sçache qu'un petit
» *in*-8°. imprimé à Lyon, chez *Jean Detournes*,
» 1555. où il y ait *Euvre*, tout le reste de l'im-
» pression étant presque conforme à l'Orthogra-
» phe commune. Le Livre a pour titre : *Euvres*
» *de Louise Labé*. C'est cette fameuse Lyonnoise,
» surnommée *La belle Cordiere*, dont le nom ne

» doit être écrit ni *l'Abé*, ni *l'Abbé*, ni *Labe*,
» mais *Labé*. *Bayle*, qui a écrit *Labe*, a été
» trompé par l'Orthographe d'*Antoine Duverdier*,
» lequel n'accentuoit pas les *é* fermés, lorsque les
» lettres étoient capitales, écrivant ANDRE et
» RENE, pour ANDRÉ et RENÉ; ANNE D'URFE,
» pour ANNE D'URFÉ, et ainsi du reste : ce
» qu'il est bon d'observer pour éviter les mépri-
» ses. »

LES CONTINUATEURS du Dictionnaire historique
de *Louis Moreri* :
    « *Louise Labé*, Courtisanne de Lyon, vivoit
» dans le XVII Siécle, excelloit dans la Poësie
» et dans la Musique. *Lacroix du Maine* et
» *Duverdier Vauprivas* la citent dans leurs Biblio-
» thèques, et louent un Ouvrage qu'elle avoit fait,
» qui étoit un Dialogue de l'Honneur et de la
» Folie : ils parlent peu avantageusement de sa
» conduite. C'étoit une franche Courtisanne,
» mais desintéressée, et qui, par un penchant
» très-rare dans ces sortes de personnes, préféroit
» les Sçavants aux Riches. »

M L'ABBÉ GOUJET, dans son Supplément au
Dictionnaire historique de *Moreri*, a relevé les
fautes qui se trouvent dans cet article. Il a
remarqué que

» *Louise Labé* vivoit dans le XVI Siécle, et
» non dans le XVII, et que le Dialogue qu'elle
» avoit composé, étoit intitulé: *Dialogue de*
» *l'Amour aveuglé par la Folie;* et non point:
» *Dialogue de l'Honneur* et *de la Folie.*

Le P. DE COLONIA *, Jésuite, dans son Histoire
Littéraire de la Ville de Lyon, *Tom. II, page* 542 :
   « Quelque soin qu'ait pris *Clement Marot* de
» faire connoître par ses vers les cinq ou six
» illustres Lyonnoises ; dont nous venons de
» parler, leur réputation n'égale pas néanmoins
» celle de *Louise Labé*, dont il ne dit mot, et
» qu'on appelloit communément *la belle Cor-*
» *diere*, nom qu'elle a eu l'honneur de laisser
» à la rue où elle demeuroit, qui le porte encore
» aujourd'hui. Il n'est sorte de louanges que les
» Auteurs contemporains, étrangers et domes-
» tiques n'ayent données, comme à l'envi, à cette
» *Louise Labé. Lacroix du Maine* l'appelle une
» femme très-docte, qui écrivoit fort bien en Vers
» et en Prose ; et il ajoute qu'elle avoit pour ana-
» gramme ces deux mots : *Belle à soy. Paradin*,
» qui étoit à Lyon de son tems, et qui a pu la
» connoître, en fait un éloge si outré, qu'il
» paroît bien que l'adulation, et même l'adula-

(*) Il est mort à Lyon, le 12 Septembre 1741.

» tion la plus excessive, lui dicta les expressions
» dont il s'est servi à son égard....... Son Cabinet
» étoit rempli des Livres les plus curieux qu'on
» eût écrits jusqu'à son temps, en Italien, en
» Espagnol, et en François. Elle tournoit bien
» un Vers en ces trois sortes de Langues, qu'elle
» avoit parfaitement bien apprises. Toutes ces
» qualités, jointes à son humeur bienfaisante,
» lui attirèrent les plus grands éloges en Grec,
» en Latin, et en François. Un des Auteurs qui
» l'exaltèrent le plus, fut le célèbre Médecin
» *Jacques Pelletier*, grand Mathématicien et
» grand Poëte...... Mais il nous faudra bien
» rabattre de tous ces magnifiques éloges, et
» surtout de la peinture que *Paradin* nous a faite
» de sa vertu, si ce qu'en disent *Duverdier* et *de*
» *Rubys* se trouve véritable. Ils prétendent (ce
» n'est pas, à mon avis, sans apparence de vérité),
» que *Louise Labé* avoit gâté ses heureux talens
» par un libertinage de mœurs, qui n'étoit pas
» moins condamnable que celui des *Phrynez* et
» des *Laïs*, quoiqu'il fût beaucoup plus raffiné.
» Ses Ecrits furent imprimés à Lyon, en 1555,
» par *Jean Detournes*, sous ce titre : *Les Oeuvres*
» *de Louise Labé*, etc. A la tête du Livre, on
» voit quantité de Vers François, Italiens, Latins
» et Grecs, que divers Poëtes firent à son hon-
» neur. Le plus joli des Ouvrages de *Louise* est

» un ingénieux Dialogue en prose, sur l'Amour
» aveuglé par la Folie........
» *Louise Labé* dédia à sa bonne amie *Clemence*
» *de Bourges* cette heureuse fiction poëtique,
» qu'on a depuis tourné en tant de manières, et
» que divers Poëtes ont voulu s'approprier. »

On joint ici l'imitation que M. de La Fontaine
en a faite sous ce titre : l'Amour et la Folie.

L'AMOUR ET LA FOLIE.

FABLE.

Tout est mystère dans l'Amour :
Ses flèches, son carquois, son flambeau, son enfance ;
    Ce n'est pas l'ouvrage d'un jour
    Que d'épuiser cette science.
Je ne prétens donc point tout expliquer ici :
Mon but est seulement de dire, à ma manière,
    Comment l'Aveugle que voici,
(C'est un Dieu) comment, dis-je, il perdit la lumière ;
Quelle suite eut ce mal, qui peut-être est un bien :
J'en fais juge un Amant, et ne décide rien.

La Folie et l'Amour jouoient un jour ensemble :
Celui-ci n'étoit pas encor privé des yeux :
Une dispute vint ; l'Amour veut qu'on assemble
    Là-dessus le Conseil des Dieux.
    L'autre n'eut pas la patience ;
    Elle lui donne un coup si furieux
    Qu'il en perd la clarté des Cieux,
    Venus en demande vengeance :
Femme et mère, il suffit pour juger de ses cris :
    Les Dieux en furent étourdis,
    Et *Jupiter et Némésis*,
Et les Juges d'Enfer, enfin toute la bande.
Elle représenta l'énormité du cas.
Son Fils, sans un bâton, ne pouvoit faire un pas.

Nulle peine n'étoit pour ce crime assez grande :
Le dommage devoit être aussi réparé.
    Quand on eut bien considéré
L'intérêt du Public, celui de la partie,
Le résultat enfin de la suprême Cour
    Fut de condamner la Folie
    A servir de guide à l'Amour

La Fontaine, Liv. II. Fabl. 14.

FIN.

J'Ai lû le discours sur la personne et les ouvrages de *Louise Labé*, et je n'y ai rien trouvé qui ne doive en faire desirer l'impression. Fait à Lyon, ce 12. Juillet 1750.

L'Abbé Pernetti.

Permis d'imprimer. A Lyon ce 12 Juillet 1750.

PERRICHON.